KB192974

명언 기행

명언 기행

아무도 이겨낼 수 없는 힘으로 나는 다시 꿈꾼다

신창호·진상훈 편역
서수원 사진

씨네스트

머리말

    무엇이 나를 행복(幸福)하게 만들까? 어떠한 삶이 풍요(豐饒)를 가져올까? 왜, 인생의 여정은 넘어지고 일어나고, 깨지고 아무는, 그 모든 결절(結節)의 고리를 보며, 삶의 가치를 탐색하는 걸까?

    풍요와 행복, 그리고 삶의 가치를 온몸에 녹여 넣으려는 현자(賢者)들이, 역사라는 인간 세계의 광장(廣場)에 펼쳐내고, 긴 시간과 공간의 울타리에 걸터앉아, 사립문 안팎으로 희로애락(喜怒哀樂)의 시선(視線)을 흩어 퍼트린다.

    그 눈길이 주고받은, 서로의 발길이 닿은, 인류의 사유가 머문 곳에, 명언이 펄럭인다.

    오늘 그 명언의 일부를 기행(紀行) 하며, 나와 너, 그리고 우리 모두 함께 숨 쉬는 세상을 음미한다.

　여기에 수록한 100개의 언표는 2023.4~2025.3까지 2년에 걸쳐 〈쏙쏙 인문관광 Letter〉에 게재한 글이다. 신창호·진상훈이 각종 고전을 공부하며 발췌한 문장의 주제에 맞추어, 서수원이 사진을 촬영하여 삽입했다.

　편집을 마치고 돌아보니, 새천년이라고 한 지가 엊그제 같은데, 21세기도 벌써 1/4 지점에 도달했다. 그 사이에 첨단과학 기술문명이 세계를 누빈다. 상당수의 사람이 곳곳에서 정체성 혼란을 겪는 듯하다.

　이런 시기에 삶의 가로 세로를 짜나가는 경위(經緯)는 어디에 있는가? 인류 생활에 등불이 되어준 여러 선현(先賢)의 글을 펴보는 것은 어떨까? 그저, 명언 기행을 맛보는 분들의 심안(心眼)이 더욱 의미 있기를 소망한다.

　　　　　　　　　　　　　2025. 3. 경칩(驚蟄) 절기에
　　　　　　　　　　　　신창호·진상훈·서수원 배(拜)

차 례

책의 남용은 오히려 학문을 죽인다

책의 남용은 오히려 학문(學問)을 죽인다. 사람들은 자기가 읽은 것을 알고 있는 것으로 착각한다. 그런 만큼 이제 배울 필요가 없다고 생각한다. 이것저것 너무 많은 책을 읽기만 하는 것은 '건방진 무식자(無識者)'를 만드는데 일조할 뿐이다.

문자로 기록된 책을 지나치게 많이 읽는 것은 '세상'이라는 책을 소홀하게 만든다!

지식을 얻으려면 여러 곳을 그냥 돌아다니는 것만으로는 충분하지 않다. 여행의 양식을 터득하고 있어야 한다. 관찰(觀察)하려면 '보는 눈'을 갖고 있어야 하고, 알고 싶어 하는 대상으로 그 눈을 돌려야만 한다.

루소의 『에밀』 「여행에 대하여」에서

사공은 배를 다룹니다

사공(沙工)은 배를 다룹니다.

목수(木手)는 나무를 다룹니다.

지혜(智慧)를 갖춘 사람은 자신의 몸을 다스립니다.

『법구비유경(法句譬喩經)』에서

그대 자신을 즐겁게 하려면

그대 자신을 즐겁게 하려면, 그대와 함께 살아가는 사람들의 여러 미덕을 생각해 보십시오. 어떤 사람의 눈부신 활동이나 겸손, 배려 등, 그 미덕이 함께 살아가는 사람들의 행동에 나타나고, 될 수 있는 한 풍부하게 나타날 때만큼 인생을 즐겁게 하는 일은 없습니다. 그리하여 우리는 그런 실례를 눈으로 언제나 바라볼 수 있어야 합니다.

아우렐리우스 『명상록』에서

참된 교양의 최종 목적은

참된 교양의 최종 목적은 '인간의 내부에 있는 감각의 중력(重力)'과 이기심에서 인간을 해방시키는 일이다. 이기심은 모든 생물의 자기보존에 대한 본능에서 시작되지만, 공교롭게도 인생의 목적과 대립된다. 인간은 누구나 감각적 존재로 이 세상의 생활을 시작하지만, 그것을 본질적으로, 정신적 존재로 마무리해야 한다.

카를 힐티의 『행복론』에서

진정, 자신의 학습을 '의무'로 여기지 마십시오

진정, 자신의 학습을 '의무'로 여기지 마십시오. 오히려 부러운 '기회'로 여기십시오. 정신의 영역에서, 아름다움이 발휘하는 해방의 힘이 무엇인지 아는 것을 배우는 기회 말입니다. 개인적 기쁨을 위해, 또 그 속에서 일하게 될 사회의 이익을 위해.

아인슈타인의 『인생관』에서

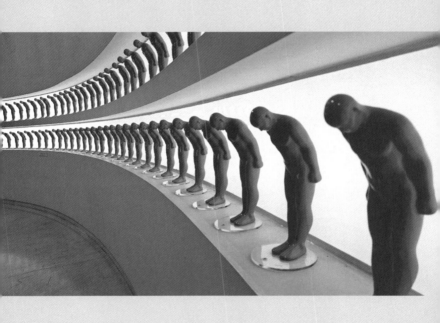

위대한 영혼이란

위대한 영혼이란 내적인 영성(靈性)의 깊이에서 우러나온다. 행동의 가치를 측정하는 잣대는 그 행동을 이루는 곳의 내적인 도덕 감정이다. 가장 위대한 행동은 그럴듯한 대의명분보다는 그 사람 개인의 깊은 곳에서 끓어오르는 어쩔 수 없는 생각에 바탕을 둘 때가 있다.

에머슨의 『위인이란 무엇인가』에서

인생에서 지혜를 갖추는 일은 중요하다

인생에서 지혜를 갖추는 일은 중요하다. 그러나 필요 이상으로 많은 지식을 갖춘 사람은 교활해지고 일을 그르치기 쉽다. 안정된 진리가 보다 신뢰감을 준다. 지성을 갖추는 것은 좋으나 수다쟁이는 되지 마라. 지나친 논쟁은 싸움이나 마찬가지다. 꼭 필요한 것 이외에는, 지나치게 깊이 생각하지 않는 착실한 두뇌가 보다 좋은 법이다.

쇼펜하우어의 『철학적 인생론』에서

나의 행복

'추구(追求)하는' 일에 지치게 된 나는
'발견(發見)하는' 일을 배우게 되었다.
역풍(逆風)을 만난 이후로 나는
어떤 바람과도 함께 갈 수 있게 되었다.

니체의 『즐거운 지식』에서

행복

행복을 찾아 나서는 동안, 너는 행복할 만큼 성숙해 있지 않다. 가장 사랑스런 것들이 모두 네 것일지라도, 잃어버린 것을 애석해 하고, 목표를 가지고, 또는 초조해 하는 동안, 평화가 어떤 것인지, 너는 모른다. 모든 소망을 버리고 욕망도 잊고 행복을 입 밖에 내지 않을 때, 세상의 물결은 네 마음을 괴롭히지 않고, 너의 영혼은 마침내 평화를 찾는다.

헤세의 『행복』에서

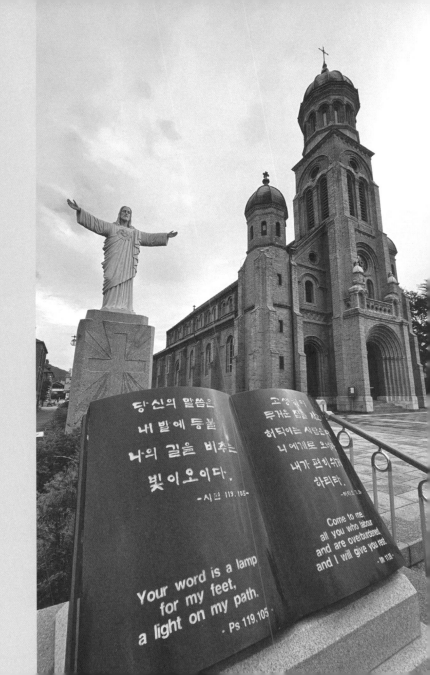

애정에 의해 완전히 극복된 증오는

애정(愛情)에 의해 완전히 극복된 증오(憎惡)는 사랑으로 바뀐다. 그때 이 사랑은 증오가 선행되지 않았을 때보다도 한층 더 크다!

스피노자의 『에티카』에서

분노는 부정에 대해 복수하려는 욕망이다

분노(憤怒: 忿怒)는 부정에 대해 복수하려는 욕망이다. 그것은 가장 선하고 가장 성실한 존재를 정반대의 인간으로 바꾼다. 누구든지 한번 분노에 사로잡히면 어떤 의무도 잊어버린다.

세네카의 『인생철학이야기』에서

보다 아름다운 세계를 열망하는 마음은

보다 아름다운 세계를 열망하는 마음은, 어느 시대나 먼 목표를 바라보며 이상적 삶에 이르는 세 가지 갈림길을 찾아냈다. 첫 번째 길은 밖으로 통하는 속세를 버리는 일이고, 두 번째 길은 세계의 개선과 완성을 목표로 하는 일이며, 세 번째 길은 꿈을 꾸는 일이다.

하위징아의 『중세의 가을』에서

양심은 주관의 독재가

양심(良心)은 주관(主觀)의 독재(獨裁)가 마침표를 찍는 지점이다. 그러나 그것은 자신이 잘 모르거나 이해하지 못하는 사안에 종속함으로써가 아니라 자기의 통찰에 따라 자유롭게 복종함으로써 그렇게 된다.

야스퍼스의 『철학학교』에서

참을성 있게 기다리려면

참을성 있게 기다리려면 인간은 쾌활하게 일해야 한다. 쾌활한 정신은 뛰어난 자질이며 어떤 불행과 실망에도 꺾이지 않는 힘을 준다.

새뮤얼 스마일스의 『자조론』에서

많은 양의 지식과 기능은

많은 양의 지식과 기능은 군사적 행동을 할 때 일반적으로는 쓸모가 있다. 출정한 군대가 전장에 나갈 때까지는 필요하다. 그러나 실제 전쟁에서는, 군사적 행동의 궁극 목적을 달성하기 전에, 그 지식과 기능은 이미 극히 소수의 중요한 부분으로만 요약된다. 그것은 한 나라의 모든 하천이 바다에 들어가기 전에 합류하여 몇 가닥의 큰 강을 이루는 것과 마찬가지다. 군사적 행동의 지도를 맡은 장수는 전쟁이라는 바다에 직접 흘러 들어가는 군사적 행동이 어떤지를 충분히 알고 있어야 한다.

– 클라우제비츠의 『전쟁론』에서

진정한 즐거움은 '맛 속'에 있다

진정한 즐거움은 '맛 속'에 있다. '사물 속'에 있는 것이 아니다! 그렇기에 자기가 좋아하는 것을 소유할 때 진정한 행복감을 맛볼 수 있다. 타인이 좋아하는 물건을 아무리 소유한다고 해도 아무런 재미도 없다!

라 로슈푸코의 『잠언집』에서

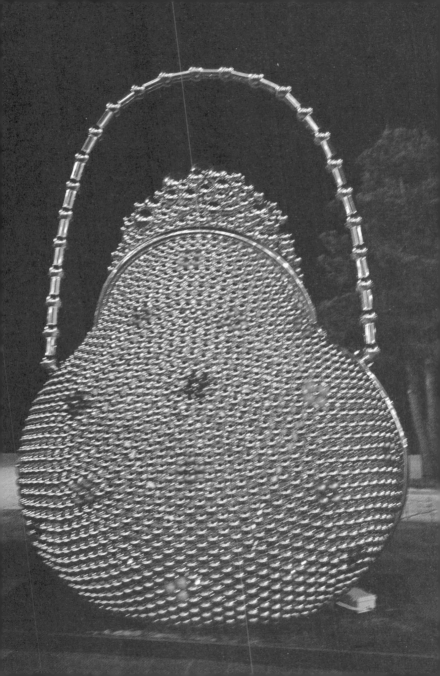

학문은 세 가지 측면에서 삶에 도움을 준다

학문은 세 가지 측면에서 삶에 도움을 준다. '기쁨'과 '장식'과 '능력'이 그것이다. 기쁨의 측면에서 그 효능은 사적 생활과 자기만의 생활이라는 점에 있다. 장식의 측면에서는 담화를 할 때 동원하면 효과적이다. 능력의 측면에서는 사무를 볼 때 판단력과 처리에 기여한다.

프란시스 베이컨의 『에세이』「학문」에서

인간으로 태어났다는 것은 굉장한 행운이다

인간으로 태어났다는 것은 굉장한 행운이다. 살아 있는 동안 진리 탐구에 전심전력하라! 진리의 말을 듣는 다는 것은 참으로 희귀하다. 깨달은 이를 만나는 일은 더 더욱 희귀하다.

불교의 『법구경』에서

인간 가운데 가장 용감한 사람이라 할지라도

인간 가운데 가장 용감한 사람이라 할지라도, 자기가 진정한 의미에서 알고 있는 것을 실현하는 용기는 아주 드물다.

프리드리히 니체의 『우상의 황혼』에서

행복해지고 싶으면

행복해지고 싶으면 자기답게 사는 인생에 집중하라! 돈을 벌거나 출세하는 사안에 대해서는 잊어버리는 것이 중요하다. 돈에 집착하면 행복한 부자가 될 수 없다. 행복한 부자는 마음이 백지인 상태로 사는 사람이다. 모든 것을 있는 그대로 보고, 듣고, 느끼며 산다.

솔로몬의 『탈무드』 「행복한 부자 되는 법」에서

선하고 의로운 행위가 결코

선하고 의로운 행위가 결코 선하고 의로운 사람을 만드는 것이 아니라, 선하고 의로운 사람이 선하고 의로운 행동을 한다. 그리고 나쁜 행위가 결코 나쁜 사람을 만드는 것이 아니라, 나쁜 사람이 나쁜 행위를 낳는다. 어떠한 경우에도, 인격이 모든 선한 행위에 앞서서 선하고 의로워야 하며, 이에 따라 선한 행위가 의롭고 좋은 인격에서 생긴다.

마틴 루터의 『그리스도인의 자유』「예수」에서

이 언덕이 아무리 높다 하더라도

이 언덕이 아무리 높다 하더라도, 나는 오를 것이다. 고난도 나를 막지는 못한다! 생명에 이르는 길이 이곳임을 내 알고 있으니, 용기를 내어 약해지거나 두려워하지 않겠다. 고난이 따른다 해도 바른 길로 가는 것이, 가기는 쉬워도 결국 재앙만이 뒤따르는 잘못된 길보다 나으리라.

존 버니언의 『천로역정』에서

향락에 몸을 맡기기만 하는

향락에 몸을 맡기기만 하는 게으르고 낭비적인 부(富), 그런 향락에 빠진 자는 분명, 자신의 본질을 상실하고, 방탕에 빠지는, 덧없는 개인밖에 되지 않는다는 것을 스스로 증명한다. 타인의 피땀 어린 노동이 자신의 욕망을 채우기 위한 먹이가 된다는 것을 알고, 인간 그 자체가, 자기 자신까지도 희생되는 하찮은 존재라는 것도 알게 된다.

칼 마르크스의 『경제학철학초고』 「부와 욕구」에서

세계는 바뀌고, 낡은 규범은

세계는 바뀌고, 낡은 규범은 현실과 일치하게 어렵게 된다. 그러나 낡은 규범은 지금껏 휘두르던 칼을 내려놓고 곱게 물려가려고 하지 않는다! …… 천은 직조기에서 미완성인 채 남아 있다. 자연은 쉼 없이 창조하고, 인간의 노동 또한 끝이 없다. 세월을 거듭할수록 인간의 활동은 복잡하고 다양해진다.

미하일 일린의 『인간의 역사』에서

자의식이 강한 환경에서 성장한 자율적 인간은

자의식이 강한 환경에서 성장한 자율적 인간은 적응형 인간과 자기를 구별하기 위해 더 큰 자의식을 필요로 한다. 자기의 감정을 부정하거나 가면을 쓰는 것과 같은 단순한 방법으로는 자율성이 보장되지 않는다. 자율적이기 위해서는 자신의 현실과 잠재 능력, 그리고 한계를 바르게 파악할 수 있어야 한다.

데이비드 리스먼의 『고독한 군중』에서

인생이란

인생이란 인간의 본질과 경험하는 모든 사안을 끊임없이 빛과 불꽃으로 바꾸는 작업을 의미한다!

프리드리히 니체의 『즐거운 지혜』에서

유추는 나에게

유추(類推: analogy)는 나에게, 한 걸음 더 나아가 '모든 동물과 식물은 어느 하나의 원형에서 유래한다'는 신념으로 이끈다. 하지만 유추는 사람을 기만하기 쉬운 안내자이다.

찰스 다윈의 『종의 기원』에서

우리는 높은 곳에 서 있을 때

우리는 높은 곳에 서 있을 때 비로소 사실 하나하나
에 눈을 멈출 수가 있다. 낮은 곳에서 좁은 문틈을 통해
올려다볼 때는 사실 전체를 파악하는 일이 불가능하다.

게오르크 헤겔의 『역사철학강의』에서

인간은 누구나 자기 영혼의 주인이기를 바란다

인간은 누구나 자기 영혼의 주인이기를 바란다. 그러나 자신의 기분이나 정서를 제어할 수 없는 한, 또는 무의식적 요인이 갖가지 은밀한 방법을 동원하여 자신의 계획이나 결정에 몰래 개입한다는 사실을 의식하지 못하는 한, 인간은 결코 자기 자신의 주인이 될 수 없다!

칼 융의 『무의식에 대한 접근』「인간 영혼」에서

모든 일의 줄거리와 원인, 결과의 연관성을

모든 일의 줄거리와 원인, 결과의 연관성을 잘 이해하지 않는 한, 사람은 미래 때문에 시달린다. 꿈이나 점쟁이의 말은 우리들의 희망을 죽여 버린다. 징조(徵兆)는 도처(到處)의 거리 모퉁이에 자리하고 있다.

알랭의 『행복론』「우리들의 미래」에서

책을 통해 스스로를 도야하고

책을 통해 스스로를 도야하고 정신적으로 성장해 나가려는 데는 오직 하나의 원칙과 길이 있다. 그것은 읽는 글에 대한 존경, 이해하려는 인내, 수용하고 경청하려는 겸손함이다.

헤르만 헤세의 『독서의 기술』에서

사람이 세상에 태어나서

　　사람이 세상에 태어나서 배우고 묻는 작업을 하지 않고서는 사람이 될 수 없다! 배우고 묻는 작업은 특별한 것이 아니라 일상의 행동에서 각자 마땅히 할 일을 충실하게 처리하는 것이다.

율곡 이이의 『격몽요결』에서

인생을 살아가는데 가장 필요한 것은

　　인생을 살아가는데 가장 필요한 것은 자신의 두려움을 어떻게든 짓밟고 극복하는 과정이다. 아무리 요령이 좋아도 용기가 없으면 안 된다. 용기만이 기회를 넓히고, 위기에서 구하고, 자심감과 능력을 안겨준다.

비트겐슈타인의 『문화와 가치』에서

애착심과 혐오감을 떨쳐버리지 못하면

애착심(愛着心)과 혐오감(嫌惡感)을 떨쳐버리지 못하면, 지성(知性)이 낮은 사람이나 악업(惡業)을 쌓은 자들은 짐승들 사이에서 피난처를 구할 가능성이 크다.

파드마삼바바의 『티벳 사자의 서』에서

간언은 친구가 실수할 때

간언(諫言)은 친구가 실수할 때 진지하게 하는 말이고, 적의(敵意)는 나쁜 짓을 저지른 적에게 신중하게 품는 것이다.

투퀴디데스의 『펠로폰네소스 전쟁사』(제 I 권)에서

네일로스 강에서는 시원한 미풍이

네일로스 강에서는 시원한 미풍(美風)이 불어오지 않는다. 더운 곳으로부터는 당연히 미풍이 불어오지 않는다. 시원한 미풍은 서늘한 곳에서 불어오는 법이다.

헤로도토스의 『역사』(제Ⅱ권)에서

인간이 피해야 할 품성에는 세 종류가 있다

인간이 피해야 할 품성에는 세 종류가 있다. 하나는 '악덕(惡德)'이고, 다른 하나는 '무자제력(無自制力)'이며, 마지막 하나는 '짐승 같은 품성 상태'이다.

아리스토텔레스의 『니코마코스 윤리학』(제7권)에서

거짓말을 잘하거나 게으른 습관을 가진 사람은

거짓말을 잘하거나 게으른 습관을 가진 사람은 참된 말을 하고 부지런히 일하도록 사지(四肢)를 발달시켜야 한다. 사랑하기를 날마다 힘쓰면 그것은 습관(習慣)이 된다. 습(習)이 성(性)이 되면 그것이 덕(德)이다.

도산 안창호의 『흥사단 문답』에서

아리따운 인생을 짜 맞추어 가지려거든

아리따운 인생(人生)을 짜 맞추어 가지려거든, 지나간 일을 두고 근심해서는 안 된다. 아주 작은 일이 그대를 분명 언짢게 하겠지만, 늘 현재(現在)를 즐겨야 한다. 특히, 사람을 미워해서는 안 되며, 미래는 신(神)에게 맡겨야 한다.

괴테의 『잠언』 「처세훈」에서

나는 죽음에서 삶을

나는 죽음에서 삶을, 병에서 건강을, 감옥에서 자유를, 갇힘에서 출구를, 배반자에게서 충성을 찾는다! 그러나 한 번도 좋은 일을 기대해 보지 못한 내 운명은, 하늘과 합의를 보았다. 내가 불가능한 일을 요구하기에, 가능한 것도 내게 주지 않기로.

세르반테스의 『돈키호테』에서

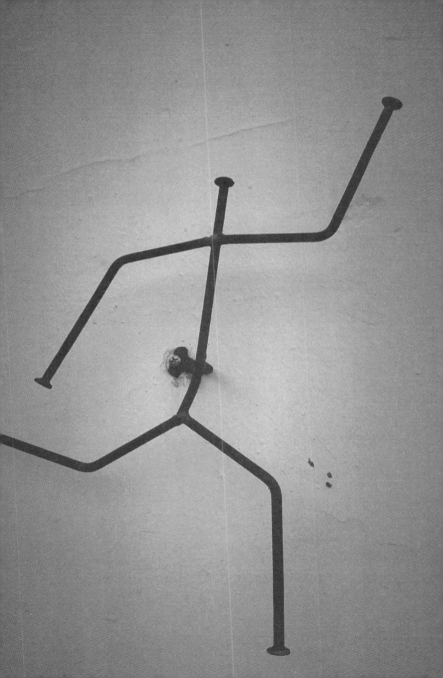

실제로 인간을 움직이는 것은

실제로 인간을 움직이는 것은 뭐니 뭐니 해도 일단은 본능이다. 이성적 판단이 인간의 행동을 좌우하기도 하지만, 그래봤자 그 힘의 강도는 본능에 밀리고 만다.

비트겐슈타인의 『심리철학적 소견들』에서

현명하고 교양을 갖춘 사람은

현명하고 교양을 갖춘 사람은 성실(誠實)한 마음을 지니고서 세상의 법칙을 본다. 그 법칙이 어떤 것인지를 파악하고 있기에 처음부터 물질적 욕망에 얽매이지 않는다. 인색하거나 남을 업신여기거나 교만하지 않는다. 자신의 마음을 해치는 일을 만들지 않는다.

여흥숙(呂興叔)의 『극기명(克己銘)』에서

자신의 몸을 수양하는 것은 지혜의 표시이고

자신의 몸을 수양하는 것은 지혜의 표시이고, 남에게 베풀기 좋아하는 것은 사랑의 실마리이며, 주고받는 일은 의리가 드러나는 것이고, 치욕은 용기로 결단하도록 만드는 계기이며, 명예를 세우는 일은 행동의 궁극적 목적이다.

사마천의 『임안에게 보내는 편지』에서

훌륭한 재판관은

훌륭한 재판관은 사적으로나 공적으로 절대 편견이나 의심을 갖지 않는다. 편견이나 의심은 사실 규명에 전혀 도움이 되지 않음을 알고 있기 때문이다. 덕망 있는 재판관은 바른 길을 따라 판결을 내리지만 부덕한 재판관은 사악한 길을 따라 판결을 내린다.

바이다바의 『칼릴라와 딤나』에서

역사는 문명화의 길로 안내하는 예의를

역사는 문명화의 길로 안내하는 예의를 높이 받들고 사람 사이의 신뢰를 중시한다. 신뢰는 땅보다 중요하고, 예의는 개인의 생명보다 고귀하다.

동중서의 『춘추번로』에서

혁명은 끊임없이 진화한다

혁명은 끊임없이 진화한다. 겉으로 드러난 현상만 가지고는 그 성공과 실패를 가늠할 수 없다. 정신을 똑바로 차리고 상황을 제대로 파악하는 길은 독서(讀書) 이외에 없다.

손문(孫文)의 『독서』에서

모든 사람에 대해 예의 바르게 행동하고

모든 사람에 대해 예의 바르게 행동하고, 극소수의 사람에게는 친밀하게 대하라. 대신, 극소수의 사람과 서로 확신할 수 있는 관계를 형성하기 전에, 충분히 그들을 시험하라.

조지 워싱턴의 『인간관계』에서

인생에서 성공은 삶의 요점이 아니다

인생에서 성공은 삶의 요점이 아니다. 인생에서 실패가 삶의 끝도 아니다. 단 하나, 중요한 것은 끊임없이 싸워나갈 수 있는 '용기'이다.

윈스턴 처칠의 『용기』에서

인간은 누구나 넘어질 때가 있다

인간은 누구나 넘어질 때가 있다. 인생에서 가장 큰 영광은 넘어지지 않는 것이 아니다. 넘어질 때마다 일어서서 다시 나아가는 일이다.

넬슨 만델라의 『인생의 영광』에서

인생에서 가장 중요한 것은

인생에서 가장 중요한 것은 당신이 무엇으로 인식되는가이다. 그것은 당신의 행동양식에 달려있다. 당신이 인생에서 얻을 수 있는 가장 큰 성취는 자신의 가치를 발견하는 일이다.

에이브러햄 링컨의 『자신의 가치』에서

무의미한 말을 지껄여

무의미한 말을 지껄여 스스로 불쾌해지는 것보다
모르는 것을 모른다고 고백하는 편이 훨씬 낫다.

키케로의 『신들의 본성에 대하여』에서

사랑은 원래 특정 인간에 대한 관계가 아니다

사랑은 원래 특정 인간에 대한 관계가 아니다. 그것은 전체 및 세계에 대한 한 사람의 관계를 결정하는 태도, 즉 '성격의 방향'이다.

에릭 프롬의 『사랑의 기술』에서

자신의 진심을 탐색해 보지 않고

자신의 진심을 탐색해 보지 않고, 자신의 공적 의무에 대한 수행을 성찰하지 않고, 과거의 교훈을 자신의 미래 행동에 반영하지 않고서는, 어느 누구도 존경스러운 선의의 인물들을 폄훼해서는 안 된다.

윈스턴 처칠의 『제2차 세계대전』 「서문」에서

행복해지기를 바라고

행복해지기를 바라고 거기에 열성을 기울일 필요가 있다. 행복이 들어오든 말든, 문만 열어 놓고 공평한 방관자의 태도로 머물러 있다면, 들어오는 것은 슬픔뿐이다.

알랭의 『행복론』에서

오만함은

오만함은 인간에게, '부유함이란 필요한 것을 스스로 얻는 것이 아니라 남들이 가지지 못한 것을 얻는 것'이라 생각하도록 만들었다.

토마스 모어의 『유토피아』에서

시비란 따로 있는 것이 아니다

시비(是非)란 따로 있는 것이 아니다. 오는 말을 이렇다 저렇다 따지며 트집을 잡는 사람이 바로 시비하는 자이다.

『명심보감』에서

인생의 목적은

　　인생의 목적은 자신을 아는 데 있는 것 같다. 한 인간이 그리는 미래의 삶을 사는 것이 아니라, 진정한 현재를 삶으로써 진정한 미래의 삶을 살 수 있다. 인간이란 한 묶음의 관계이며, 그의 모든 힘은 재산이 아니라 수많은 사람과의 관계에 있다는 것을 그대는 모르는가!

에머슨의 『나의 일기』에서

제대로 통치되는 사회의 경우

제대로 통치되는 사회의 경우, 분업의 결과 생기는 다양한 생산물의 대폭 증가로 인해, 최저 계층의 민중에게까지 미치는 보편적 부(富)가 마련된다.

애덤 스미스의 『국부론』에서

역사가는 자신이 다룬 주제의

역사가는 자신이 다룬 주제의 중요성과 다양함에 대해 스스로 칭찬할 수 있다. 하지만 그는 스스로 불완전함을 자각하는 동시에 불안정한 사료를 비난하지 않을 수 없다!.

에드워드 기번의 『로마제국쇠망사』에서

정치적 '개성'이 강하다는 것은

정치적 '개성(個性)'이 강하다는 것은 무엇보다도 '열정'과 '책임의식', 그리고 '균형감각', 이 세 자질을 소유하고 있음을 뜻한다.

막스 베버의 『직업으로서의 정치』에서

생활과 사회가 우리 모두에게 요구하는 것은

생활과 사회가 우리 모두에게 요구하는 것은, 현재 자신의 처지를 알도록 끊임없이 기울이는 주의이고, 나아가 우리를 그것에 적응시켜 주는 육체와 정신의 탄력이다. 긴장과 탄력은, 삶이 발동시키는, 서로를 보완하는 두 힘이다.

앙리 베르그송의 『웃음』에서

모든 것이 진정으로 이해되고

모든 것이 진정으로 이해되고 요점을 파악한 다음에 말하는 것처럼 보이면서도 그렇지 못하기도 하고, 그렇게 보이지 않는데 사실은 그런 것도 있다.

마르틴 하이데거의 『존재와 시간』에서

타자의 범주는

타자의 범주는 의식 자체와 마찬가지로 근본적이
다. 어떤 집단도 타자와 대립하지 않고는 자기 자신을 주
체로서 파악하지 못한다.

시몬느 드 보부아르의 『제2의 성』에서

진리탐구자는 티끌보다도

진리탐구자는 티끌보다도 아래에 있어야만 한다. 전 세계가 티끌을 짓밟지만, 진리 신봉자는 티끌에 짓밟힐 정도로 하찮은 존재가 되지 않는 한 절대 진리를 엿보는 것조차 불가능하다.

마하트마 간디의 『간디자서전』에서

인간은 타인으로부터 받은 은혜나 모욕을

인간은 타인으로부터 받은 은혜나 모욕을 잊어버리기만 하는 게 아니다. 은혜를 베풀어 준 상대방을 미워하는 일이 있는가 하면, 모욕을 가해 온 상대방을 감싸는 경우도 있다. 은혜에 보답하고 원수를 갚겠다고 항상 신경을 쓴다는 것은 인간에게 더할 나위 없이 큰 속박이 된다.

라 로슈푸코의 『잠언』에서

희망이란 불안정한 기쁨이다

희망이란 불안정한 기쁨이다. 그것은 인간이 그 결과에 대하여 어느 정도 의심하고 있는 미래나 과거의 사물에 대한 관념에서 생겨난다.

스피노자의 『에티카』에서

사고 가운데 의심은

사고(思考) 가운데 의심(疑心)은 새 가운데 박쥐와 같은 것이다. 언제나 어두워질 때 날아다닌다. 그것은 확실히 억눌러 버리거나 적어도 충분히 저지해야 한다. 왜냐하면 마음을 흐리게 만들기 때문이다.

프란시스 베이컨의 『에세이』 「의심」에서

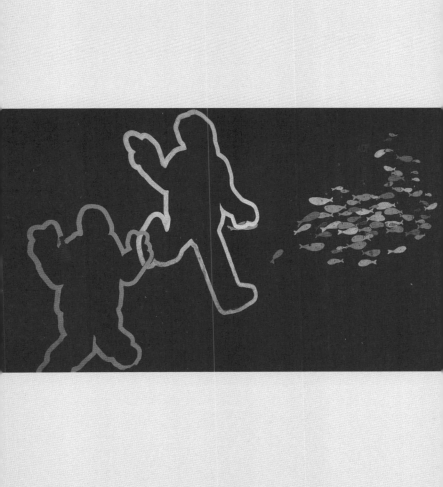

불안이란

불안이란 가장 중요한 온갖 문제들이 서로 연결되어 있는 매듭이다. 불안은 확실히 수수께끼이기에, 이를 풀면 인간 정신생활의 모든 것이 어느새 확연해질 것이 틀림없다.

지그문트 프로이트의 『정신분석입문』에서

합리적 신념은

합리적 신념은 무언가를 무작정 믿는 것이 아니라 인간이 자발적으로 확신할 때 얻을 수 있는 확실성과 견고성이다. 어떤 특별한 믿음이라기보다 전인격에 영향을 미치는 성격상의 특징이다. 그것은 생산적인 지적·정서적 활동에 근거하고 있다.

에릭 프롬의 『사랑의 기술』에서

역사 전체는 찬란한 시대를 준비하는

역사 전체는 찬란한 시대를 준비하는 불합리한 과정이다. 인간 자신은 그 과정에서 정상을 차지하고 있다고 믿지만, 이런 진보적 관념은 단순한 망상 또는 어리석은 견해에 지나지 않는다.

월 듀란트의 『철학이야기』에서

인간의 본성은

인간의 본성은 모델에 따라 조립되는 기계가 아니다. 또한 명령대로만 움직이는 기계도 아니다. 인간이란 내적 힘이 뻗치는 여러 방향에 따라 스스로 성장하고 발전해나가도록 요구받는 나무와도 같다.

존 스튜어트 밀의 『자유론』에서

민주주의 속에 살고 있는 사람들은

민주주의 속에 살고 있는 사람들은 고통에 가득 차 있으나 자기들을 불쌍한 존재라고 생각하지 않는다. 군주 체제의 귀족들이 그들의 쾌락에 애착을 보이는 것 이상으로 훨씬 강렬하게 자기들의 고통을 소중히 생각하고 있다.

토크빌의 『미국의 민주주의』에서

절망의 정도는 자기의식에 비례하여 강해진다

절망의 정도는 자기의식에 비례하여 강해진다. 자기의 정도는 자기를 재는 척도에 따라 강해진다. 신이 척도가 될 경우에는 한없이 강하게 된다. 신의 관념이 증가함에 따라 그 만큼 자기도 증가하고 자기가 증가함에 따라 그만큼 신의 관념도 증가한다.

키에르케고르의 『죽음에 이르는 병』에서

우정은

　우정은 세계의 모든 것에 대한 호의(好意)와 애정(愛情)을 바탕으로 한 견해의 일치이다. 우정의 최대 이점은 밝은 희망으로 미래를 비추어 영혼이 힘을 잃고 쓰러지는 일이 없도록 하는 것이다.

키케로의 『우정에 대하여』에서

사람 사이에 가장 좋은 관계는

사람 사이에 가장 좋은 관계는 대부분 만나는 사람에게 소박하면서도 자연스럽고 성실하며 친근한 태도로 대하는 데서 생긴다.

카를 힐티의 『행복론』에서

인간의 본성 가운데 가장 두드러지는 것은

인간의 본성 가운데 가장 두드러지는 것은 다른 사람에게 공감(共感)하는 성향이다. 타인들의 소감이나 의향이 아무리 자기 것과 다르거나 정반대일지라도 공감과 교류(交流)를 통해 그것을 수용하는 일을 능가하는 것은 없다.

데이비드 흄의 『인간이란 무엇인가』에서

자기의 감정은 실로 '자기의 것'이다

자기의 감정은 실로 '자기의 것'이다. '어느 누구도 이 감정을 바꿀 힘은 없다!'라는 사실을 깨닫게 되면, 어떤 사람이건 '아무도 이겨낼 수 없는 힘'이 생겨난다.

알랭의 『인간론』에서

인간의 행복을 위협하는 두 가지 적은

　　인간의 행복을 위협하는 두 가지 적은 '고통(苦痛)'
과 '권태(倦怠)'이다. 이 둘 가운데 어느 하나에서 적당히
멀어지게 되면, 그만큼 다른 하나가 가까이 다가온다.

　　　　　　　　　　　　　　쇼펜하우어의 『삶의 예지』에서

인간의 수준을 초월하는 지식에

인간의 수준을 초월하는 지식에 열을 올리지 말고, 사람들 사이에 섞여 남의 허물을 덮어주거나 친절한 마음에서 잘못을 기꺼이 저지르는 사람이 되라. 그것이야 말로 진정 양식 있는 사람이 취할 행동이다.

에라스무스의 『바보예찬』에서

사랑과 존경심으로 친구와 만나는 것은

사랑과 존경심으로 친구와 만나는 것은 즐거운 일이다. 이해관계로 친구와 교제하는 것은 고통스러운 일이다. 그것은 억지를 쓰는 작업이기 때문이다.

라 브뤼예르의 『인간성격론』에서

쓸모없는 것은 과감히 버리고

쓸모없는 것은 과감히 버리고 소중한 것을 간직하라. 당신의 소중한 보물이 광산에 숨어 있다면 어떻게 하겠는가? 사과에 씨가 있다고 해서 버리는 사람은 없다! 모든 것을 헛되이 여기고 버린다면, 나는 다시 꿈을 꿀 수밖에.

존 버니언의 『천로역정』에서

명예를 얻는다는 것은

명예를 얻는다는 것은 인간의 덕성과 가치를 분명히 드러내 보이면서, 불리한 점을 없도록 하는 일에 지나지 않는다. 행동 가운데 명예와 명성을 구하고 그것을 노리는 사람도 있다. 그런 부류의 사람은 소문에 오르는 일이 많지만, 마음속으로 감탄하는 일은 적다. 반대로 그것을 보일 때, 자기 덕성의 빛을 지워버리는 사람도 있다. 때문에 소문이 실제 가치보다 낮아진다.

프란시스 베이컨의 『에세이』 「명예와 명성」에서

과거의 생각과 미래의 생각과 현재의 생각이

　　과거의 생각과 미래의 생각과 현재의 생각이, 생각마다 어리석음과 미혹에 물드는 일 없이, 지난날의 나쁜 행동을 일시에 영원히 끊어 자기의 성품에서 없애버리면, 이것이 바로 참회이다.

　　　　　　　　　　　　　　혜능의 『육조단경』에서

건강이 허락하는 한

건강이 허락하는 한 활동을 계속하는 것이 나의 희망이다. 신제품 개발과 마케팅, 그 밖에 내가 좋아하는 일! 나는 일에서도 삶에서도 행운을 누렸다. 할 수 있는 것은 다 했다!

스티브 잡스의 『명예로운 퇴임을 축하하는 마지막 자리』에서 한 말 중에서

역사의 대부분은

역사의 대부분은 거만, 야심, 탐욕, 복수, 정욕, 반란, 위선, 억제되지 않는 열정, 그 밖에 온갖 혼돈된 욕망의 연속 등등이 이 세상에 가져온 불행으로 구성되어 있다. 이 불행은 개인의 처지를 뒤흔들어 인생을 감미롭지 않게 만드는 재앙 많은 폭풍이다. 이런 폭풍이 국가를 뒤흔들어 버린다.

에드먼드 버크의 『프랑스혁명 성찰』에서

문명은 진보하면 할수록

문명은 진보하면 할수록 복잡하고 어려워진다. 인간 사회에는 복잡하고 어려운 문제를 해결할 수단이 부족하지 않다. 그런데 두뇌가 부족하다. 정확하게 말하면, 두뇌를 쓰지 않으려는 인간이 많다. 문제의 복잡 미묘함과 두뇌 사이의 부조화에 대해, 어떤 대책을 강구하지 않으면, 문명의 근본적인 비극이 초래될 수 있다.

오르테가 이 가세트의 『대중의 반란』에서

동물이건 식물이건 모든 생명은

동물이건 식물이건 모든 생명은, 본질적으로 에너지를 축적하여 이를 다시 유연하고 가변적인 배수관 속에 풀어 놓고, 그 에너지를 그 배수관의 말초기관까지 보내려고 노력한다. 생명은 이 말초기관에서 무한히 다양한 작업을 수행한다.

베르그송의 『창조적 진화』에서

인생에 대한 보다 높은 요구와 그 요구가

　　인생에 대한 보다 높은 요구와 그 요구가 신성하다
는 느낌을 마음에 생생하고 힘차게 유지하는 사람은, 자
기가 압박 받는 일에 직면했을 때, 깊은 분노가 솟구칠
수 있다. 사람은 자신을 귀하게 만들려는 높은 마음을 지
니고 있다. 때문에 세상이 혐오스러운 지옥으로 변할 때,
이런 사태를 보지 않기를 원한다.

피히테의 『독일 국민에게 고함』에서

인간은 누구나 하루하루를 살아간다

인간은 누구나 하루하루를 살아간다. 1시간 1시간 1분 또 1분을 살고 있다. 하루하루가 모든 인생이고 1분 1초가 전 인생이다. 오늘 하루가 나에게 주어진 마지막 날이라고 생각한다면, 오늘을 더욱 충실하고 알차게 보내기 위해 힘쓰는 것이, 인간 아니겠는가? 인간에게는 오늘 이 순간밖에 없다. 시간은 여벌이 없다!

유대인의 『탈무드』에서

실패를 하지 않도록 도와주는 사람이

실패를 하지 않도록 도와주는 사람이 주위에 없으면, 일에 대한 경험 없이 높은 자리를 차지한 인간은 실책을 저지르기 쉽다! 동시에 그런 자는 제멋대로 일을 해나가려는 야심을 품는다. 이런 자들이 횡행하며 활보할 경우, 사회적으로 큰 손실을 가져오게 마련이다.

마키아벨리의 『정략론』에서

50-4

분업이 진행됨에 따라

분업이 진행됨에 따라, 노동으로 생활하는 사람들의 거의 대부분, 즉 국민 상당수의 직업은, 소수의, 때로는 한두 가지의 매우 단순한 작업에 한정된다. 그런데 사람들의 이해력은 필연적으로 그런 일반적인 일에 의해 형성된다. 일생을 소수의 단순작업 수행에 소비하고, 그 작업의 결과 또한 거의 똑같은 사람은, 난관에 부딪혔을 때, 그것을 없애기 위한 방법을 찾아내는데 자신의 이해력을 발휘하거나 창의력을 펼치지 못한다. 이러다보니 자연스럽게 노력하는 습성을 잃어버리고, 최대한 어리석고 무지한 인간으로 전락한다. 정신의 활력을 잃었기 때문에, 그는 어떤 이성적 대화를 즐기지도 못하고, 너그러움, 고귀함, 또는 부드러운 감정도 가질 수 없다. 그로 인해 사생활의 일반적 의무에 대해서도 대부분 아무것도 정당한 판단을 내릴 수 없게 된다!

애덤 스미스의 『국부론』에서

인간 사회는 어떤 희생을 치르고서라도

인간 사회는 어떤 희생을 치르고서라도 서로 매이고 얽혀서 살아간다. 잘 섞이지 않은 물체들을 무질서하게 자루에 쑤셔 넣으면, 그들끼리는 서로 자기들 속에서 얽매이는 방식을 찾아간다. 때로는 기술적으로 정리해 넣은 것보다 더 잘 자리 잡는 방식으로, 사람들은 어느 공간에 갖다 놓아도 움직이며 서로 덮치다가 서로 쌓이며 정돈되어 간다.

몽테뉴의 『수상록』에서

자기기만! 이 최초의 행위는

　　자기기만! 이 최초의 행위는 자신이 피할 수 없는 것을 피하는 행위이다. 즉 자신이, 있는 그대로의 자기 모습을 피하기 위한 것이다. 자기로부터 도피하려는 기도 자체가 존재의 중심으로부터 어떤 내부의 파괴나 분해를 드러낸다. 이 내적 파괴나 분해는, 스스로를 부정하며 자기기만을 지속한다.

　　　　　　　　　　　　　사르트르의 『존재와 무』에서

사물에는 세 가지 질서가 있다

사물에는 세 가지 질서가 있다. '육체'와 '정신'과 '의지'가 그것이다. 육체를 목적으로 하는 존재는 부자와 권력자들이다. 정신을 목적으로 하는 존재는 탐구자와 학자들이다. 현인들은 정의를 목적으로 삼는다. 육체적인 것은 본래 사욕이, 정신적인 것은 본래 탐구심이 지배한다. 지혜는 본래 오만이 지배하기 마련이다. 그렇다고 인간이 재산이나 지식을 자랑할 수 없다는 것이 아니라, 거기에는 오만이 나설 자리가 아니라는 말이다.

파스칼의 『팡세』에서

태어나면서 귀족처럼 가진 존재들은

태어나면서 귀족처럼 가진 존재들은 세상 일에 지나치게 열중하지 않는다. 그럴 일이 없다! 그들이 만들어 내는 일이란 뻔하다. 갈망하거나 새롭게 추구하는 것이 없는 상태에서 나타나, 어느 조용한 가을 저녁 해질 무렵에 나무에서 떨어지는 그런 것들이다. 쉴 새 없는 창작욕은 그들에게는 저속한 일이다. 경쟁심과 명예심을 나타낼 뿐이다. 저들처럼 인간이 무엇을 가진 존재라면, 사람은 본디 아무 것도 할 필요가 없다! 그럼에도 아주 많은 일을 이뤄낸다. '생산적'인 인간 위에는 아직 더 높은 부류의 인간이 있기 때문이다.

프리드리히 니체의 『인간적인 너무나 인간적인』에서

현재에는 고유한 하나의 이율배반이 있다

현재에는 고유한 하나의 이율배반(antinomy)이 있
다. 한편으로는 기꺼이 현재를 '존재'에 의해 정의한다.
아직 존재하지 않는 미래와 앞서 존재한 과거에 비해 존
재하는 것이 현재이다. 다른 한편으로는 현재를 그것으
로 있지 않은 모든 것, 다시 말해, 직접적인 과거와 미래
로부터 해방하려는 엄밀한 분석은, 사실 이미 무한소의
한 순간밖에 발견하지 못한다 그것은 무한하게 진행된
분할의 이상적인 종국(終局)이자 하나의 무(無)이다.

사르트르의 『존재와 무』에서

'나'는 무엇인가? '생각하는 것'이다

'나'는 무엇인가? '생각하는 것'이다. '생각하는 것'이란 무엇인가? 의식하고, 이해하고, 긍정하고, 부정하고, 무엇을 하고 싶어 하고 또 하지 않고, 그리고 상상하고, 감각하는 것이다.

데카르트의 『성찰』에서

지금, 여기

'희망'은 얻을 가능성이 있는 욕구이고

'희망'은 얻을 가능성이 있는 욕구이고, 절망은 얻을 수 없는 것 같은 욕구이다. 두려움은 대상에 의해 해를 입을 수 있다는 생각이 드는 혐오이다. 저항하면 그 해를 피할 수 있을 것 같은 희망이 있을 때, 혐오는 용기가 된다. 하지만 느닷없는 용기는 분노라고 부른다. 변치 않는 희망은 자신에 대한 확신, 즉 자신(自信)이 되고, 변치 않는 절망은 자신에 대한 불신이 된다.

토머스 홉스의 『리바이어던』에서

동물은 그 생명 활동으로부터

　동물은 그 생명 활동으로부터 자기 자신을 구별하지 않는다. 인간은 자신의 생명 활동 그 자체를, 스스로의 의욕이나 의식의 대상으로 한다. 인간은 의식적 생명 활동을 영위한다. 인간의 생명 활동은 인간이 그것과 직접적으로 일체화되어 있는 것과 같은 도식적인 존재 양식은 아니다. 의식적인 생명 활동이야말로 동물적 생명 활동으로부터 인간을 구별하는 것이다.

마르크스의 『경제학·철학 초고』에서

논박할 수 없는 미망이 있다

논박할 수 없는 미망(迷妄)이 있다. 미망에 빠져 있는 사람에게는 그 사람의 마음을 비춰주는 지식을 주어야 한다. 그러면 미망은 저절로 사라질 것이다. 굶주린 사람에게는 음식을 주고, 옷이 없는 사람에게는 옷을 주며, 병든 사람을 문병하는 일은 모두 선행이다. 하지만 그것과 비교할 수도 없는 큰 선행은, 미망에 빠져있는 사람을 거기서 구제해 주는 일이다.

톨스토이 『교육론』에서

명언 기행

초판 1쇄 발행 | 2025년 3월 25일

편　역 | 신창호 · 진상훈

사　진 | 서수원

편　집 | 강완구

디자인 | S-design

펴낸이 | 강완구

펴낸곳 | 도서출판 써네스트

출판등록 | 2005년 7월 13일 제2017-000293호

주　소 | 서울시 마포구 양화로 56, 1521호

전　화 | 02-332-9384　　**팩　스** | 0303-0006-9384

홈페이지 | www.sunest.co.kr

ISBN 979-11-94166-51-1(00190) 값 12,000원